Ich wähle den entspannten Weg

Entspannt entscheiden

Copyright © 2021 by
Miriam Sassan Ortner

Herausgeber:
Miriam Sassan Ortner
Entspannungstherapeutin
Tiroler Str. 63
87459 Pfronten
eMail: info@entspannt-entscheiden.de
www.entspannt-entscheiden.de

Lektorat + Korrektorat: Jonas Westhoff
Buchsatz: Rike Moor (Lektorat Nordlicht),
www.rikemoor.com
Verlag & Druck: tredition GmbH, Halenreie 40-44,
22359 Hamburg

Vorwort

Hallo,

ich bin Miriam, Mutter von zwei wundervollen Kindern und glücklich verheiratet. Mit meinem ADHS ist mein Alltag als berufstätige Mutter von einiger Aktivität gekennzeichnet und somit musste ich mich zwangsläufig mit dem Thema „Entspannung" auseinandersetzen.

Sonst wäre ich unbewusst von einer Aktivität zur nächsten gestürzt. So ein Verhalten führt über Kurz oder Lang zu einer Überforderung:

- der unbewussten (Über-)Forderung an mich selbst, den Erwartungen der vielen Reize gerecht zu werden.

Diese Erwartung führt zu einem unbewussten (Über-)Fluss von Reiz -Handlungen.

Ich musste mir dem Reiz-Handeln und dessen Folgen erst einmal bewusst werden, um zu verstehen, dass ich selbst bestimmen kann, auf welche Reize und Erwartungen ich meine Konzentration lenke und wie ich auf diese Weise durch bewusstes Handeln meinen Weg gestalte. Ich bin durch mein unbewusstes Reiz-Handeln in einen Kreislauf geraten, der zu einem Stress führte, der mich überforderte. Als ich wahrgenommen hatte, was mir nicht guttut und in mir einen angespannten Zustand auslöste, wusste ich, was ich nicht will und somit auch, was ich will.

Wenn man weiß, was man will, kann man seine Konzentration darauf lenken, was einem guttut. Um die Konzentration darauf zu lenken, was uns guttut, braucht es achtsame Momente, die in unserer reizüberfluteten Leistungsgesellschaft immer weniger Raum bekommen.

Deshalb ist „Entspannung" ein wichtiges Thema unserer Zeit. Auch im Laufe meiner Arbeit mit Menschen habe ich die Wichtigkeit von Entspannung erkannt. Auch unsere Gesellschaft schenkt dem Thema Entspannung Aufmerksamkeit wie noch nie zuvor. Denn unser Alltag ist durch viel Aktivität gekennzeichnet und die Wichtigkeit von Entspannung wird dabei oft übersehen.

Das Problem erkennen immer mehr Menschen. Schließlich ist es wichtig, nach dem aktiven Zustand wieder einen entspannten Ausgleich zu schaffen, um im Inneren Gleichgewicht zu bleiben. Wenn man das Prinzip nicht lebt, hat das Folgen.

Negativer Stress kann sich auf unsere Gesundheit und auf unser Befinden auswirken. Und genau diese Folgen werden in unserem Alltag immer deutlicher.

- Burnout, eine allgemeine Überforderung und Schlafstörungen gehören unter anderem zu den aktuellen Folgeerkrankungen, mit denen sich immer mehr Menschen herumschlagen.

Meist erkennen die Menschen erst dann, dass Entspannung ein wichtiger Teil in unserem Leben sein sollte, wenn sie mit den Folgen fehlender Entspannung konfrontiert werden.

Um dem negativen Stress entgegenzuwirken, greife ich in diesem Buch mehrere Themen auf, die in das Hauptthema „Entspannung" einfließen. Das Bewusstwerden dieser Aspekte hilft dabei, den individuellen Weg entspannt zu meistern.

Komm mit auf den entspannten Weg …

Inhalt

Kapitel 1: Stress

1.1 Was ist Stress?

Stress ist eine körperliche und psychische Reaktion auf einen Reiz, welcher als Stressoren bezeichnet wird.

Stress lässt uns im Allgemeinen aktiv werden. Dies ist wichtig, um zu überleben.

Zum Beispiel ist es wichtig, in Gefahrensituationen aktiv zu werden.

Wenn dich jemand angreifen möchte, lenkst du deine Konzentration darauf, die bedrohliche Situation zu meistern.

Du bist bei diesem Prozess in einem aktiven/angespannten Zustand. Aber Stress ist nicht gleich Stress. Stress wird unterschieden in:

Eustress, der auch als positiver Stress bezeichnet wird. Dieser führt zu Motivation und lässt uns kreativ werden. **Positiver Stress** erhöht die Aufmerksamkeit und fördert die maximale Leistungsfähigkeit des Körpers, ohne ihm zu schaden. In diesem Prozess handeln wir kreativ. Kreativität ist etwas Schöpferisches. In diesem Prozess strebt man nach individueller Entfaltung.

Disstress ist hingegen negativer Stress, der zu Überforderung führt. Negativer Stress liegt vor, wenn die Bewältigungsstrategien nicht ausreichen, um Herausforderungen, Belastungen oder Anforderungen positiv zu begegnen und diese zu meistern.

Disstress wird vor allem durch von außen kommenden sowie selbst auferlegten Leistungs- und Zeitdruck verursacht.

Mach dir bewusst:

Stress ist eine körperliche oder psychische Reaktion auf einen Reiz.

Dabei unterscheiden wir den positiven und negativen Stress.

Positiver Stress lässt uns kreativ handeln, negativer Stress führt zur Überforderung. Stress ist Aktivität. Bei der Aktivität ist man ange-spannt. Das Gegenteil von der An-spannung ist die Ent-Spannung.

Die Entspannung sollte der Anspannung zum Ausgleich dienen. Da wir auf Reize reagieren und somit aktiv werden, ist es wichtig sich bewusst zu machen, auf wie viele Reize wir täglich reagieren.

Ebenso sollten wir uns bewusst machen, wie viel Zeit wir hingegen der Entspannung in unserem Alltag geben.

1.1.1 Selbsttest

Mach dir nun Gedanken und notiere:

- In welcher Situation bin ich gerne aktiv?
- Wie viel Zeit nehme ich mir für diese Aktivität, die ich gerne mache?
- Welche Situation erschöpft mich?
- Wie viel Zeit verbringe ich mit der erschöpfenden Situation?
- Sorge ich für den Ausgleich der An- und Entspannung?
- Fällt es mir schwer, zu entspannen? Wenn ja, warum?
- Fühle ich mich unwohl, wenn ich nicht aktiv bin? Wenn ja, warum?

Lass deine Antworten auf dich wirken.

1.2 Stress in unserem Alltag

Stress ist ein Teil in unserem Leben. Denn Stress führt zu einem aktiven Verhalten.

In der Leistungsgesellschaft, in welcher wir leben, ist aktiv sein etwas ganz Normales. Es ist aber etwas, was uns ganz schön erschöpfen kann, wenn wir es zu lassen. Wir lassen das zu, indem wir uns nicht um einen individuellen Ausgleich der An- und Entspannung kümmern.

In unserem aktivitätsreichen Alltag kommt die Entspannung bei vielen leider oft zu kurz. Deshalb bekommt das Thema „Entspannung" durch Burnout oder eine allgemeine Überforderung immer mehr Aufmerksamkeit in unserer Gesellschaft.

- Firmen bezahlen Entspannungstherapeuten für Präventionskurse, in denen den Mitarbeitern das Thema Entspannung und Stressmanagement vermittelt wird und präventive Entspannungstechniken nahegebracht werden.
- Berufstätige Eltern sind oftmals froh, einfach mal fünf Minuten in Ruhe einen Kaffee zu trinken.
- Yogakurse sind am Boomen.

Auch Kinder bekommen schon Entspannungseinheiten geboten, um sich für das **Hier und Jetzt** Zeit zu nehmen. Denn auch ihr Alltag ist bereits durch viel Aktivität gekennzeichnet. Den Vormittag verbringen sie in der Schule, was viel Konzentration fordert. Danach geht es für viele in eine Nachmittagsbetreuung oder nach Hause.

Es müssen Hausaufgaben erledigt werden und auch Termine für Vereine sind im Alltag oft integriert. Zudem ist die Freizeitgestaltung oft durchgeplant und lässt kaum noch Raum für die freie Gestaltung und für Entspannung. Betreuungsangebote, welche sehr durchstrukturiert sind und somit sehr viel Konzentration der Kinder einfordern, werden immer mehr in unsere Gesellschaft integriert. Schon Babys und Kleinkinder sind teilweise bis abends in Betreuung. Ich möchte niemanden negativ beurteilen, der seine Kinder in Betreuung gibt.

Ich habe selbst eine Zeit lang in einer Kita gearbeitet und weiß, dass die Ganztagesbetreuung von Kindern viel abverlangt. Es ist mit einem Arbeitstag zu vergleichen. Dies sollte gesehen werden, um mit Augenblicken von Entspannung dem Stress, dem die Kinder ausgesetzt sind, entgegenzuwirken.

Es muss unbedingt ein Bewusstsein her, von wie viel Aktivität ein einziger Tag gekennzeichnet ist, um dann bewusst mit Entspannung entgegenzuwirken. Viele Menschen fühlen sich sogar schlecht, wenn sie einfach mal „nichts" oder etwas für sich selbst tun.

Aktiv zu sein, ist in unserer Gesellschaft schon so im Alltag integriert, dass wir die Wichtigkeit der Entspannung gar nicht mehr wahrnehmen bzw. uns diese nicht eingestehen.

Deshalb ist es schön und wirklich gut für dein Wohlbefinden, dass du dich mit dem Thema auseinandersetzen möchtest. Du kümmerst dich somit gut um dich selbst. Und wenn es dir gut geht, begegnest du deiner Umwelt ebenfalls im Guten.

1.3 Reize und ihre Wirkung

Stress bezeichnet eine durch äußere Reize (Stressoren) hervorgerufene psychische und physische Reaktion, die zur Bewältigung besonderer Anforderungen befähigt, und zum anderen die dadurch entstehende körperliche und geistige Belastung[1].

---

[1] Quellenangabe Wikipedia: Definition Stress, zuletzt bearbeitet am 29. Juni 2021 um 12:20 Uhr durch den Autor Nachtbold

Reize (Stressoren) können sein:

- Termindruck,
- Konflikte in der Arbeit/zuhause,
- Konkurrenz,
- Arbeitslosigkeit,
- Ärger über das Verhalten anderer,
- Über- oder Unterforderung,
- Lärm,
- Wohnungssuche,
- die berufliche Perspektive

Reize wirken auf den Körper und rufen unsere Reaktionen hervor. Um die Wirkung von einem Reiz auf das Verhalten zu demonstrieren, zeige ich ein Beispiel auf.

Als Beispiel für den Reiz (Stressor) nehme ich einen Termin. Der Reiz eines Termins führt oft zu negativem Stress, da er oftmals mit Leistungs- und Zeitdruck in Verbindung gesetzt wird.

In unserer Leistungsgesellschaft werden wir durch Leistungs- und Zeitdruck allgemein oft mit negativem Stress konfrontiert. Eigentlich ist der Termin ein neutraler Reiz. Wir bewerten den Reiz des Termins, indem wir ihm eine Erwartung oder ein Bedürfnis zuordnen. Diese Erwartungen entstehen aus Erfahrungen, die wir bereits mit dem Reiz hatten und mit diesem verknüpfen.

Die vielen Reize und dazugehörigen Erwartungen, die wir an diese Reize stellen und auf die wir schließlich reagieren, lassen uns manchmal im aktiven Handeln versinken.

Ein Termin kann in mir viele Erwartungen erzeugen, die dann wiederum meine Reaktion beeinflussen. Erwartungen können hierbei sein, den Termin einzuhalten und alle Forderungen, die dieser Termin mit sich bringt, bis dahin erfüllt zu haben. Evtl. möchte man die Aufgabe fehlerfrei und perfekt erledigen. Diese Erwartungen führen allesamt zu Reaktionen. Um mehreren Erwartungen gerecht zu werden, musst du eine Reihenfolge der Erfüllung deiner Erwartungen festlegen, um nicht in ein unbewusstes Reiz-Handeln zu gelangen.

Wenn man die Erwartungen nicht bewusst wahrnimmt und selektiert, kann das Reiz-Handeln zu einer Überforderung führen, indem du versuchst, gleichzeitig mehreren Erwartungen gerecht zu werden. Auch zu hoch gestellten Erwartungen gerecht werden zu wollen, führt zur Überforderung. Die Strukturierung deiner Erwartungen fordert deine Konzentration.

Wenn die Aufgabenstellung des Termines zum Beispiel nicht deinen Interessen entspricht, wirst du dafür mehr Konzentration aufbringen müssen, um dieser gerecht zu werden, weil du evtl. von interessanteren Reizen abgelenkt wirst. Denn du handelst dann nicht kreativ, sondern es wird von dir erwartet, dich an die Struktur der Vorgaben zu orientieren, um danach zu reagieren.

Diese Reaktion hat Einfluss auf deine Umgebung. Somit hast du Einfluss auf deine eigene Wahrheit. Deine Wahrheit ist die Entscheidung deiner Reaktion. Es ist dein kreatives Gestalten mit der Umwelt.

Um zum Beispiel mit dem Termin zurückzukommen, kannst du entscheiden, nachdem du wahrgenommen hast, welche Erwartung der Termin in dir auslöst, ob du dem gerecht werden möchtest oder nicht. Du solltest dabei natürlich abwägen, welche Folgen deine Entscheidung deine Reaktion hat und ob du bereit bist, dich mit den Folgen auseinanderzusetzen.

Wenn du zum Beispiel bis zu der Terminabgabe alles perfekt erledigt haben möchtest, musst du dir im Klaren sein, dass du dafür viel Konzentration beanspruchen musst, um die Erwartungen an den Termin zu erfüllen. Die Folge dessen wird eine gute Bewertung sein.

Wenn du allerdings nicht bereit bist, viel Konzentration für eine Erwartung zu investieren, wirst du mit der dementsprechenden Bewertung konfrontiert. Du entscheidest, wie du die Bewertung dann empfindest. Eventuell hat diese Bewertung wiederum Auswirkungen auf eine andere Situation, z. B. einen Notendurchschnitt, den du für die Erfüllung einer anderen Erwartung benötigst.

Das geht immer so weiter. Du gestaltest also in diesem Moment deine Zukunft. Du entscheidest, welcher Reiz deine Priorität an Aufmerksamkeit bekommt, dem somit nachgegangen wird.

Zusammengefasst:

Reize werden aufgrund Erfahrungen, welche wir in unserem Leben zu diesem Reiz gemacht haben, beurteilt. Dies entscheidet, ob du negativen oder positiven Stress erlebst.

Wenn wir zum Beispiel schon öfter mit dem Reiz eines Abgabetermins konfrontiert waren, verbinden wir mit diesem unsere Erfahrungen, welche wir mit einem solchen gemacht haben.

Die Erfahrungen sind oft mit Emotionen verbunden.

Wenn ich einen Abgabetermin nicht eingehalten hatte, werde ich wahrscheinlich eine schlechte Erfahrung gemacht haben, indem ich eine schlechte Bewertung erhalten habe. Wenn ich Wert auf eine gute Bewertung lege, sehe ich dann eine schlechte Bewertung zum Beispiel in Form einer Note, als eine schlechte Erfahrung. Ich verbinde dann einen Abgabetermin mit einem schlechten Gefühl oder mit Erwartungen, die mich unter Druck setzen. Diese Emotionen haben Einfluss auf die Beurteilung dieses Reizes.

Wir beurteilen den Reiz zum Beispiel als bedrohlich, gefährlich, freuen uns oder reagieren neutral. Ein Reiz kann uns auch traurig und wütend machen. Alle Gefühle folgen auf Reize, die wir beurteilen.

Nachdem wir den Reiz beurteilt haben, entscheiden wir uns für unsere Reaktion. Wir entscheiden dabei nicht immer bewusst. Die Reaktion hat wiederum Auswirkungen auf meine Umwelt. Ich entscheide mich mit meiner Reaktion für den Weg der Gestaltung in meiner Umwelt.

Das ist der Kreislauf unseres Verhaltens, das unser Leben gestaltet.

Wir können auf diesen Kreislauf Einfluss nehmen, wenn wir ihn richtig verstanden haben.

1.1.3 Selbsttest

Zeichne dir ein Strichmännchen.

Über dem Strichmännchen werden deine persönlichen Reize, die du im Alltag mit Stress verbindest, notiert.

- Beende als Hilfestellung dazu den Satz: „Ich gerate in Stress, wenn …"

Neben das Strichmännchen notierst du, warum der Reiz zu Stressverhalten bei dir führt.

- Beende dazu den Satz: „Ich setze mich selbst unter Druck, wenn …"

Unter das Männchen setzt du deine Reaktion. Auch diese verbindest du.

- Dazu beendest du den Satz: „Wenn ich im Stress bin, verhalte ich mich …"

Sieh dir deine Zeichnung an und lass sie wirken.

Aber warum haben diese Reize eine solche Wirkung auf uns?

Diese Frage führt zum nächsten Thema.

1.4 Bedürfnisse/Erwartungen

Unter Bedürfnis versteht man in der **Alltagssprache** Verlangen, Wunsch, Ansprüche („wachsende Bedürfnisse") oder etwas Materielles zum Leben Notwendiges.

In der **Psychologie** wird Bedürfnis oft als „Zustand oder Erleben eines Mangels definiert, verbunden mit dem Wunsch, ihn zu beheben", oder als das Verlangen oder der Wunsch, einem empfundenen oder tatsächlichen Mangel Abhilfe zu schaffen[2].

Auf einen neutralen Reiz hin habe ich eine Erwartung verknüpft, die zu der Entscheidung meiner Reaktion führt.

Unsere Gefühle zeigen uns auf, ob unsere Bedürfnisse oder Erwartungen erfüllt werden. Wenn wir unsere Gefühle und die Bedürfnisse oder Erwartungen dahinter ernst nehmen, können wir die Reaktion so wählen, dass wir auf die Befriedigung unserer Erwartungen zielen.

Man kann dann seine Bedürfnisse aushandeln. Die Bedürfnisse sollten ausgesprochen und Lösungen gesucht werden, welche diesen gerecht werden.

Das wurde mir besonders mit meinem **ADHS** bewusst. Denn ich stehe vor der Herausforderung, dass ich die Reize aufnehmen und selbst ausfiltern muss. Bei **ADHS** werden die Reize nämlich schlecht vom Gehirn selbst ausgefiltert. Deshalb sind ADHSler oft unkonzentriert, da sie Ablenkungen durch weitere Reize immer abschirmen müssen.

---

[2] Quellenangabe Wikipedia: Definition Bedürfnis, zuletzt bearbeitet am 16. Juni 2021 um 00:53 Uhr durch den Autor Leyo

Ich reagiere impulsiv auf Reize und sehe mich somit in unserer reizüberfluteten Gesellschaft oft damit konfrontiert, aktiv zu sein, wenn ich dem Geschehen nicht bewusst entgegenwirke.

Ich wirke dem entgegen, indem ich achtsam die Reize bewusst selektiere, priorisiere und reduziere und danach die Konzentration auf mein Handeln ausrichte.

Ein ADHSler geht meist den Reizen nach, die als interessant empfunden werden – also den Reizen, die am ehesten der Befriedigung der persönlichen Bedürfnisse und Erwartungen dienen. Denn von diesen Reizen lässt man sich am wenigsten ablenken. Es kostet wenig Konzentration, den Erwartungen dieser Reize gerecht zu werden, da sie aus Eigenmotivation entstehen.

- Das ist positiver Stress, welcher uns kreativ handeln lässt. Das ist bei jedem so.

Bei **Menschen mit ADHS** ist dies einfach stärker ausgeprägt, da sie die vielen Reize selbst ausfiltern müssen und somit immer wieder mit neuen Reizen konfrontiert werden.

ADHS hat für mich den *Nachteil*, dass ich mich nur schlecht konzentrieren kann, wenn es darum geht, sich an vorgegebene Strukturen zu halten. Der *Vorteil* hingegen ist, dass ich auf die Reize oft impulsiv, also ohne groß nachzudenken reagiere und somit den Reizen nachgehe, welche mich interessieren.

Ich reagiere auf den Reiz und lenke meine Konzentration auf die Erfüllung der Erwartung und das Bedürfnis, die hinter dem Reiz stehen.

Auf meine Reaktion wird wiederum von der Umwelt reagiert und somit gestalte ich mein Leben. Ich schmeiße mich selbst sozusagen immer wieder ins kalte Wasser, weil ich ohne groß nachzudenken auf Reize reagiere, die mich interessieren. Das kann zu Herausforderungen und Konflikten mit der Umwelt führen. Da mir das oft passiert, habe ich mich entschieden, Herausforderungen und Konflikte als Chance zu sehen und meine eigenen Erwartungen mit der Umwelt auszuhandeln.

Denn Konflikte dienen dazu, Bedürfnisse und Erwartungen auszuhandeln. Herausforderungen lassen einen wachsen. Es sind meist unbekannte Situationen, die wir als Herausforderung sehen. Diese holen uns aus der Komfortzone und lassen uns erst unsicher werden.

Wenn man aber immer wieder aus der Komfortzone herausgeht, ist man es gewohnt, mit ungewohnten Situationen umzugehen. Es bleibt einem dann nichts anderes übrig, als in einen Konflikt zu gehen. Und wenn man einen Konflikt als eine Chance für gemeinschaftliche Einheit sieht, ist es nicht mehr so schlimm, die Komfortzone zu verlassen.

Da wir in unserer Gesellschaft so erzogen werden, unsere Bedürfnisse und Erwartungen hinter die von anderen zu stellen, um Regeln der Gemeinschaft zu folgen, verlassen wir selten unsere Komfortzone.

Als ich Mutter wurde und nur noch von Reizen umgeben war, ist mir bewusst geworden, wie wichtig es ist, sich auch eine Pause vom Reiz-Handeln zu nehmen. Denn wir sind nicht von natürlichen Reizen umgeben. Vielmehr leben wir in einer reizüberfluteten Gesellschaft.

Deshalb ist es wichtig, darauf zu achten, ob man sich nur noch im aktiven Reagieren befindet oder ob man sich die Pausen nimmt, die die Natur vorgesehen hat.

Lustigerweise suchen wir diese Pausen oft in der Natur, in der ruhigen Umgebung, in welcher Reize auf uns wirken, die keine Erwartungen an Aktivität in uns auslösen. Wir nehmen diese Reize ohne Erwartung wahr und genießen sie. Wir tanken Kraft, indem wir einfach nur den Moment wahrnehmen.

Um dem Reiz-Handeln entgegenzuwirken, bedarf es **Achtsamkeit.**

Ich nehme ganz extrem wahr, wie vielen Reizen wir ausgesetzt sind. Deshalb gehe ich zum Beispiel sehr ungern in die reizüberflutete Innenstadt. Ich brauche die Ruhe der Natur. Denn mir ist bewusst, wie viele Reize in der Stadt auf einen wirken und Erwartungen und Bedürfnisse in uns auslösen, die auf unser Handeln Einfluss nehmen.

Das Konsumverhalten unserer Gesellschaft zeigt auf, wie schnell wir alle auf Reize reagieren. Werbung wirkt auf uns und lenkt unser Verhalten, wenn wir dem nicht bewusst entgegenwirken. Denn wenn wir nicht bewusst entgegenwirken, wollen wir natürlich alles haben.

Wie viele Menschen ihre Kredite abzahlen, um sich Dinge leisten zu können, die sie annehmen zu brauchen, muss ich nicht näher erläutern. Um dem entgegenzuwirken, müssen wir uns bewusst machen, dass die vielen Reize allesamt Erwartungen und Bedürfnisse in uns auslösen.

Durch die Reizüberflutung sollten wir uns bewusst machen, auf wie viele Reize wir täglich reagieren. Und zwar so, dass die Erwartungen, die dahinterstehen, erfüllt werden. Und vor allem sollten wir uns bewusst machen, wie oft wir uns eine Auszeit von dieser ständigen Reiz-Reaktion nehmen.

Du solltest deine Erwartungen so strukturieren, dass du dir Zeit mit einplanst, in welcher du deine Konzentration für entspannte Momente nutzt. Du solltest in dieser Reizüberflutung das Bedürfnis und die Erwartung der Pause wahrnehmen.

1.4.1 Selbsttest

- Welche Erfahrungen habe ich zu dem Reiz, der in mir eine Erwartung auslöst?
- Welches Bedürfnis oder welche Erwartung ordne ich diesem Reiz zu?
- Werden meine Bedürfnisse oder Erwartungen erfüllt?
- Wie wichtig ist es mir, dass ich diese Erwartungen erfülle?
- Sind es überhaupt meine Erwartungen oder sind es die Erwartungen anderer?
- Wie viele Erwartungen löst der Reiz in mir aus?

All diese Fragen könnt ihr mit euren persönlichen Stressoren (Reizen) verbinden. Dann könnt ihr sehen, welche Erwartung im Zusammenhang zu deinem Stressor (Reiz) steht.

Das Gefühl zeigt einem, ob man sich gut oder schlecht fühlt. Man erkennt somit, ob man sich mit der Erwartung, in Verbindung zu dem Reiz, wohl oder unwohl fühlt.

Wenn du genau hinschaust, kannst du diese Bedürfnisse und Erwartungen wahrnehmen. Sie werden dann ernst genommen. Und das ist etwas, was wir in unserer Gesellschaft immer weniger tun.

Nimm deine Bedürfnisse und Erwartungen wahr und vor allem: **Nimm sie ernst!** Denn dein Bauchgefühl zeigt dir deine Bedürfnisse und Erwartungen, wenn du ihm Gehör gibst. Dein Bauchgefühl sagt dir, wo es lang gehen soll, so, dass du dich gut fühlst und dich selbst verwirklichst.

- Du musst dir nur eingestehen, auf deinen Bauch hören zu dürfen.

23

Spätestens mit dem Eintritt in die Schule wurde einem die Vorstellung, auf das Bauchgefühl zu hören, genommen. Dort fing es an, nach vorgegebener Leistung zu funktionieren und sich daran zu orientieren, was verlangt wird, weil man danach bewertet wird. Das Vertrauen in das Bauchgefühl wurde uns somit genommen.

In der Schule wird man nach vorgegebener Leistung bewertet. Das Bauchgefühl wird dort nicht als gut bewertet, da es Kreativität entstehen lässt. Kreatives Handeln wird oft nicht erwartet, wenn man vorgegebenen Strukturen folgen soll, die von außen bewertet werden.

Dein Bauchgefühl ist nämlich deine Antwort auf das „Was DU willst und was DU nicht willst."

Wir haben also verlernt uns einzugestehen, was wir wollen und was wir nicht wollen. Stattdessen konzentrieren wir uns sehr viel darauf, was andere wollen oder nicht wollen. Zumindest befindet man sich so lange in diesem Kreislauf, wie man sich seine Bedürfnisse und Erwartungen und die dazu gehörigen Gefühle nicht eingesteht.

Es kann auch sein, dass Erwartungen, die aus früheren Erfahrungen entstanden sind, nicht mehr zu der jetzigen Situation passen. Dann kann man diese neutralisieren, indem man das wahrnimmt.

Wir erkennen dies oft, wenn wir unsere Reaktion so ausrichten, dass sie nicht zu unserem Ziel führen. Das kann zum Beispiel sein, dass man mit einer gewissen Erwartung und der dazugehörigen Reaktion immer wieder in Konflikt mit seiner Umwelt tritt.

1.5 Konflikt als Chance

Wenn wir unsere Gefühle eingestehen, ist es wichtig, die Befriedigung der Bedürfnisse, die dahinterstecken, mit der Umwelt auszuhandeln. Wenn das eigene Bedürfnis und die Erwartung klar sind und auch so kommuniziert werden, kann die Umwelt darauf reagieren.

Es kann zu einem Konflikt mit der Umwelt kommen. Denn das individuelle Bedürfnis entspricht nicht immer dem der Mehrheit. Dann liegt die Kunst darin, Bedürfnisse miteinander auszuhandeln. Es ist wichtig, dass jeder mit seinen Gefühlen und Bedürfnissen ernst genommen wird. Jeder hat das Recht, sich so zu fühlen, wie er es tut.

Und dazu muss es manchmal zu einem Konflikt kommen, in dem beide Bedürfnisse auf einen gemeinsamen Nenner gebracht werden können. Wenn man sich seiner Bedürfnisse nicht im Klaren ist und sie nicht aushandelt, haben sie kaum eine Chance, befriedigt zu werden.

Natürlich muss nicht jedes Bedürfnis erfüllt werden. Man kann selbst abwägen, wie wichtig es für einen selbst ist, dass das jeweilige Bedürfnis ausgehandelt wird. Wenn allerdings ein Gefühl, das sich nicht authentisch anfühlt, immer wieder auf einen Reiz folgt, sollte man genauer hinsehen und bereit dazu sein, auf das Gefühl zu hören und es auszuhandeln.

Kapitel 2: Das Programm in unserem Kopf

2.1 Lernen/programmieren

Unter **Lernen** versteht man den *absichtlichen* sowie den beiläufigen *individuellen und kollektiven Erwerb* von geistigen, körperlichen und sozialen Kenntnissen, Fähigkeiten und Fertigkeiten.	Aus **lernpsychologischer Sicht** wird Lernen als ein Prozess der relativ stabilen Veränderung des *Verhaltens, Denkens und Fühlens* aufgrund von Erfahrung und neu gewonnenen Einsichten wie auch des Verständnisses aufgefasst[3].

Zu den neutralen Reizen werden oft Erfahrungen und die dazu gehörigen Gefühle zugeordnet.

Aber warum ist das so?

Um darauf eine Antwort zu geben, müssen wir erst einmal weit zurückgehen. Wir kommen mit einer Vielzahl von Synapsen im Gehirn auf die Welt. Undenkbar viele Verbindungen in unserem Gehirn sind vorhanden und werden so miteinander verbunden, wie sie benötigt werden.

Wir speichern unsere Erfahrungen verbunden mit Reizen ab und verknüpfen sie mit neuen Erfahrungen. Das Ergebnis ist unsere Realität.

Es gibt verschiedene Formen des Lernens. Das Lernen kann man mit dem Programmieren vergleichen. Wir erstellen durch das Lernen eine

---

[3] Quellenangabe Wikipedia: Suchwort Definition Lernen zuletzt bearbeitet am 23. April 2021 um 17:52 Uhr durch den Autor RacoonyRE

Art Programm in unserem Kopf. Um zu verstehen, wie das funktioniert, schauen wir uns verschiedene Lerntheorien an.

Es gibt:

- Lernen durch Verstärkung
- Lernen durch Nachahmung
- Lernen durch Versuch und Irrtum
- Lernen durch Einsicht

Lernen durch Verstärkung	**Lernen durch Nachahmung**
Bei dieser Art des Lernens wird das Verhalten durch eine positive Konsequenz verstärkt oder durch negative Konsequenz vermieden. Ein positiver Verstärker für ein Verhalten ist eine Belohnung, sie animiert zur Wiederholung des Verhaltens. Ein negativer Verstärker, z. B. eine Bestrafung, führt oft dazu, das Verhalten zu vermeiden.	Bei dieser Art des Lernens beobachtet man Verhaltensweisen anderer und ahmt diese nach. Da findet jeder ein Beispiel: Denkt darüber nach, welche Verhaltensweisen wir von unseren Eltern übernommen haben. Diese Verhaltensweisen haben wir uns allerdings oft unbewusst angeeignet. Andere erkennen diese Muster von Verhaltensweisen oft schneller als wir selbst.

Folgende Sätze sind in unserem Sprachgebrauch gängig:

- „Das hast du von deinem Vater",
- „Der Apfel fällt nicht weit vom Stamm" und
- „Wie der Vater, so der Sohn"

Gewisse Verhaltensweisen haben wir natürlich von unseren Bezugspersonen, den Personen, denen wir vertrauen, übernommen.

Wir haben diese beobachtet, zugeordnet und anschließend häufig übernommen. Unser Konfliktverhalten ist oft ein durch Nachahmung erlerntes Verhalten.

Lernen durch Versuch und Irrtum:	**Lernen durch Einsicht:**
Bei dieser Art des Lernens werden unterschiedliche Verhaltensweisen ausprobiert. Verhaltensweisen, die zum Erfolg führen, werden beibehalten. Erfolg wird wiederum von uns selbst definiert.	Der Mensch lernt dadurch, dass er den Zusammenhang zwischen den verschiedenen Teilen einer Situation erkennt. Dabei wird der Zusammenhang zwischen dem Sachverhalt und den verschiedenen Situationen erfasst. Eine Fähigkeit des Perspektivwechsels wird gefordert. Bei dieser Art von Lernen ist die Manipulation von Verhaltensweisen am wenigsten möglich.

Fazit

Beim Lernen machen wir Erfahrungen. Diese Erfahrungen sind mit Reizen verknüpft.

Ein Reiz führt dazu, dass in unserem Gehirn, eine dazu gemachte Erfahrung abgerufen wird. Diese Erfahrung löst in uns eine Erwartung eines Ablaufes aus, der auf den Reiz folgt, da wir durch Erfahrungen gelernt haben, dass ein gewisser Ablauf auf den Reiz folgt.

Welcher konkrete Ablauf das ist, ist abhängig von unseren individuellen Erfahrungen. Wir haben somit eine Vorstellung von dem, was sein soll, wenn man mit dem Reiz konfrontiert wird.

Aus der Bewertung heraus wird dann entschieden, wie reagiert wird, um der Erwartung des Ablaufes, die auf einen Reiz folgt, gerecht zu werden. Diese Erwartungen spielen sich zum überwiegenden Teil unterbewusst ab. Deshalb ist das Bewusstwerden dieser Programmierung und der damit verbundenen Reaktion ein wichtiger Teil, um den entspannten Weg wählen zu können.

2.2 Wie bei einem Handy

Das Handy ist ein leerer Körper. Nur die Grundeinstellungen (unsere Grundbedürfnisse wie essen, schlafen) sind vorhanden. Man kann mit dem Handy noch nicht viel machen.

Erst einmal laden wir Apps auf das Handy.

Für jeden Bereich gibt es eine App. Du stellst dein Programm zusammen, auf welches du dann zurückgreifen möchtest.

So ist das auch mit unserem inneren Programm. Du kommst auf die Welt: alles ist offen.

Du lernst das, was du brauchst, und greifst darauf zurück, um neue Erfahrungen damit zu verknüpfen. Neue Erfahrungen bedeuten, dass Reizen neue Erwartungen zugeordnet werden. Du entwickelst dein Programm neu. Du lernst. Und das ist dann deine persönliche Entwicklung. Die Entwicklung deines Programmes.

2.3 Vorgegebene Strukturen

Zudem werden dir häufig Erfahrungen vorgegeben.

Oft haben wir Vorgaben im Alltag, welche unsere Erfahrungsmöglich-
keiten zur individuellen Entfaltung einschränken. Es sind vorgegebene
Strukturen, die wir befolgen und die uns aktiv werden lassen. Wir geben unsere Aktivität in die Erfüllung der vorgegebenen Erwartungen.

Wie viel Energie wir hineingeben, ist wiederum von unserer eigenen
Erwartung abhängig. Dabei nehmen wir oft nicht wahr, ob uns das gut
tut oder nicht. Denn wir konzentrieren uns nur noch auf das Ausfüh-
ren der vorgegebenen Aufgaben.

Ein Beispiel für vorgegebene Aufgaben sind Hausaufgaben oder Ar-
beitsaufträge, die die strikte Einhaltung von Vorgaben abverlangen.
Die Bürokratie ist dafür das perfekte Beispiel.

Das aktive Verhalten wird dann danach bewertet, wie die vorgegebene Aufgabe erfüllt wurde.

Wenn wir nun viele vorgegebene Aufgaben bekommen, wie das in
unserer Gesellschaft oft der Fall ist, führen wir diese aktiv aus und
konzentrieren uns nur noch auf die Umsetzung dieser vorgegebenen
Aufgaben.

Wenn dies noch unter Termin- oder Zeitdruck geschieht, steigt die
Aktivität nochmals. Leistungsdruck kennt jeder. Das führt zu negativem Stress, der wiederum zur Überforderung führt. Außerdem verlangt dieser Prozess viel Konzentration ab.

- Diese Konzentration ist ebenfalls ein aktives Handeln.

Mit genau dieser Konzentration habe ich als reizhandelnde ADHSlerin
Probleme. Zumindest dachte ich anfangs, dass das ein Problem sei.
Dann wurde mir aber klar: Ich bin kreativ, da ich Reiz-handelnd bin.

Ich habe es schwer, mich nach Vorgaben zu richten, da mir das sehr viel Konzentration abverlangt. Bei mir müssen die Vorgaben ein Interesse und einen Sinn auslösen. Außerdem müssen sie sich authentisch anfühlen, damit ich dranbleibe.

Somit gestalte ich mein Leben so, dass ich authentisch sein kann. Denn wenn ich mich mit Vorgaben nicht identifizieren kann, kommuniziere ich dies und handele dann meine Bedürfnisse aus.

Gleichzeitig nehme ich die Bedürfnisse und die Erwartungen anderer ernst. Ich bin jederzeit dazu bereit, meine Erwartungen zu einer Situation zu ändern, wenn sie für mich sinnig sind. Das ist das, was ich gerne aus meinem ADHS-Verhalten mitnehme.

Denn um nicht im negativen Stress zu versinken, müssen wir einen Weg finden, wie wir trotz der vielen vorgegebenen Strukturen auch kreatives Handeln in unser Leben integrieren können, um positiven Stress zu erleben und uns somit entsprechend unseren Interessen zu entfalten.

Wir reagieren oft nach vorgegebenen Erwartungen und somit dürfen wir auch auf unsere Erwartungen reagieren und diese mit Erwartungen anderer aushandeln.

Kapitel 3: Dem Stress ganzheitlich begegnen

3.1 Achtsamkeit – im Hier und Jetzt

Achtsamkeit ist ein Zustand von Geistesgegenwart, in welchem ein Mensch hellwach die gegenwärtige Verfassung seiner direkten Umwelt, seines Körpers und seines Gemüts erfährt, ohne von Gedankenströmen, Erinnerungen, Phantasien oder starken Emotionen abgelenkt zu sein und ohne darüber nachzudenken oder diese Wahrnehmungen zu bewerten[4].

Die Geistesgegenwart fordert die Konzentration auf das „Was ist". Entspannungstechniken helfen, um aus dem aktiven Gedankenkreislauf oder Reiz-Handeln raus zu kommen.

Durch Achtsamkeit lerne ich, den gegenwärtigen Moment wahrzunehmen. Das bietet mir die Möglichkeit, den Moment in der Gegenwart zu gestalten.

Achtsamkeit bedeutet, im **Hier und Jetzt** zu sein – und zwar nicht nur körperlich, sondern auch mental. Das ist für die meisten Menschen kein Normalzustand.

Achtsam sein bedeutet, diese Bewertung sein zu lassen und sich auf das zu konzentrieren, was gerade außerhalb des Ablaufes der Programmierung „IST".

Achtsam durch das Leben gehen, lautet die Devise.

---

[4] Quellenangabe Wikipedia: Suchwort Definition Lernen zuletzt bearbeitet am 23. April 2021 um 17:52 Uhr durch den Autor RacoonyRE

Kinder tun das. Denn sie leben im **Hier und Jetzt.** Im Hier und Jetzt kannst du dein SEIN gestalten. Das bedeutet, dass die Bedürfnisse in diesem Prozess Gestalt bekommen.

Kinder begegnen der Umgebung achtsam. Sie erfassen und begreifen diese. Sie fassen alles an und nehmen mit allen Sinnen wahr. Sie sehen jeden noch so kleinen Käfer.

Erwachsene sind oft in einem durchstrukturierten Tag gefangen, aus welchem sie bewusst ausbrechen müssen, um im **Hier und Jetzt** sein zu können, um eine Situation bewusst zu erleben.

Achtsame Augenblicke brauchen wir, um eine Situation reflektieren zu können, sie wahrzunehmen und zu spüren, wie es sich im **Hier und Jetzt** anfühlt.

Achtsamkeit ist eine Chance, sich mit der aktuellen Situation zu beschäftigen und dem Gefühl zu der Situation zu lauschen, dem Bauchgefühl, die Intuition.

Hier folgen Tipps für den Alltag, die die Achtsamkeit üben.

- Konzentriere dich auf deinen Atem.

Da im entspannten Zustand alles zur Ruhe kommt, passiert das auch mit dem Kreislauf.

Du solltest dich deshalb mit leichten Bewegungen deiner Gliedmaßen wieder aus der Übung holen, um den Kreislauf wieder anzuregen, bevor du dann aufstehst.

Bewege in deinem Tempo nach und nach Hände, Arme, Füße und Beine. Strecke dich und fühle nochmals in deinen Körper hinein.

- Konzentriere dich auf deinen Atem. Lass ihn einfach fließen und beobachte dich selbst dabei ganz bewusst.

- Beobachte das Heben und Senken der Bauchdecke.

- Lass den Atem einfach fließen und beobachte ihn.

- Fühle deinen Körper und lass ihn bei jeder Ausatmung etwas schwerer werden, beobachte das Geschehen ein paar Minuten lang.

Du machst das so lange, wie du dich dabei wohlfühlst. Hilfreich ist noch, wenn du zu dir sagst: „Ich bin nun erholt."

- Nimm dir genügend Zeit beim Essen/naschen.

- Nimm jeden Bissen bewusst wahr und schmecke ihn.

- Nimm wahr und genieße. Beobachte und genieße.

- Nimm dir diese Zeit.

Du wirst sehen, dass es dir guttut und es ist mit keinerlei Aufwand verbunden.

Du solltest es nur regelmäßig machen, um es wieder zu lernen. Du bist einfach nur. Das ist Bewusst-Sein.

Sei dir bewusst im Hier und Jetzt. **Sei Selbst-bewusst.**

3.2 Langeweile

Die Entspannung ist in unserem Alltag oft ein Zustand, dem wir kaum Raum geben und den wir nicht mehr gewohnt sind. Wir empfinden schnell Langweile, wenn wir uns nicht in dem ständigen Aktiv-sein befinden. Gerade aber aus der Langeweile heraus entsteht die Kreativität, etwas aus Eigenantrieb zu erschaffen.

Wir müssen also lernen, der Langenweile wieder Raum zu geben, um unsere wahren Interessen entdecken zu können.

- Auf was habe ich Lust, wenn ich nicht irgendeiner Erwartung nachkommen muss?

- Was ist mein Hobby? Was gibt mir den positiven Stress (Antrieb), in dem ich kreativ gestalte?

Das sind Dinge, die wir aus der Langeweile heraus hinterfragen.

3.3 Rollen erkennen

Rolle/Position: Eine Rolle wird von einem Menschen erwartet, der zu einem bestimmten Zeitpunkt bzw. zu einer bestimmten Situation sich an die Gesellschaft anpassen soll.

Die Rolle bezieht sich auf die Position, da ein Individuum sich erst in eine Position einfinden muss, um dann anschließend die Rolle anzunehmen[5].

Der Mensch ist ein Gewohnheitstier. Das heißt, wir können uns an Situationen anpassen, wenn wir uns an sie gewöhnen. Zum Beispiel können wir in kalten und heißen Regionen leben.

Für ein Krokodil gilt diese Regel beispielsweise nicht.

Wir passen uns unserer Umgebung an. In diesem Prozess beobachten wir eine „Norm". Diese Norm wird oft mit gewissen Rollen verbunden, z. B. die Rolle einer/s Vaters/Mutter, Ehefrau/Mann oder die Rolle der/des Tochter/Sohnes, Arbeitnehmer/in.

Jede Kultur hat einen Rahmen für Vorstellungen von Rollen.

Unser „Ich" besteht oft auf einer Zuordnung von unterschiedlichen Rollen. Wir spielen mehrere Rollen in unserem Alltag. Und an jede Rolle werden gewisse Erwartungen (von mir oder an mich) gestellt.

Du wirst aus diesen Erwartungen heraus beurteilt. Sie geben vor, wie du sein sollst. Die Urteile führen dann zu Glaubenssätzen.

---

[5] Quelle: Wikipedia Suchwort: Definition Rolle zuletzt bearbeitet am 26. Mai 2021 um 19:31 Uhr durch Mike Krüger

Ein Beispiel für einen Glaubenssatz ist:

„Ich bin ein starker Junge, wenn ich nicht weine."

Der Glaubenssatz entsteht aus folgender Situation:

Bei Jungen wurde früher gerne Mal gesagt, dass ein Indianer keinen Schmerz kennt, um so sein Bedürfnis nach Zuwendung und Trost zu ignorieren. Wenn du die Erfahrung machst, dass deine Bedürfnisse kaum ernstgenommen werden, lernst du, deine Bedürfnisse selbst nicht ernst zu nehmen. Dieser Glaubenssatz beeinflusst anschließend dein Selbst-Bild.

Dein Selbst-Bild entscheidet, wie ernst du dich mit deinen Bedürfnissen nimmst. Wenn du dir deine Bedürfnisse eingestehst, kannst du sie aushandeln. Denn nur wenn du dich sicher fühlst, also ein sicheres Selbstbild hast, bist du dazu bereit, deine Bedürfnisse auszuhandeln, anstatt sie zu unterdrücken.

In dem obigen Fall entscheidet das Selbstbild des Jungen über die Art des Aushandelns seiner Bedürfnisse. Wenn er sich nicht eingesteht, Trauer zu zeigen, geschweige denn anzunehmen, wird er das dahinterstehende Bedürfnis nicht aushandeln. Er wird das Gefühl folglich ignorieren.

- Was sind meine Glaubenssätze und evtl. stressverstärkenden Gedanken?

Hinterfrage dich dazu.

Mit welchem Glaubenssatz sehe ich mich in meinem Leben häufig konfrontiert, so dass er auf meine Gefühle und auf mein Handeln Auswirkungen hat?

- Ich bin für alles verantwortlich.
- Ich muss alles schaffen.

- Ich muss immer durchhalten.
- Ich muss die Kontrolle haben. „Es ist schrecklich, wenn ich etwas nicht kontrollieren kann.
- Es ist inakzeptabel, wenn ich einen Termin nicht einhalten kann.
- Ich will mit allen Leuten gut auskommen.
- Ich mag es überhaupt nicht, auf andere angewiesen zu sein.
- Ich muss besser sein.
- Ich überlasse Entscheidungen lieber anderen.

Du verknüpfst ein Rollenbild mit Erwartungen und Glaubenssätzen.

Erwartungen entstehen oft bei gewohnten Abläufen. Gewohnte Abläufe bieten uns eine Sicherheit. Eine innere Sicherheit wirkt sich auf das Selbst-bild aus. Wir sind dann selbstsicher und selbstbewusst im Handeln.

Wenn wir uns Selbst bewusst sind und in unserem Selbst sicher, sind wir fähig, unsere Individualität zu entfalten. Denn wir sind uns bezüglich unserer Bedürfnisse und Erwartungen klar und handeln sie entsprechend aus.

Wenn wir unsicher sind, sind wir hingegen manipulierbar. Wir orientieren uns an anderen oder an bereits bestehenden Strukturen oder Informationen, um Sicherheit zu bekommen. Meist passen wir uns der Norm an. Daraus erstellen wir uns selbst die Erwartung, so zu reagieren, wie die Norm das macht, um „normal" zu sein.

Beispiel:

Eine frisch gebackene Mutter entwickelt ihre Sicherheit. Sie lässt sich oft durch andere verunsichern, weil sie noch keine feste Position als Mutter für sich gefunden hat.

Sobald sie aber Erfahrungen sammelt und somit sicherer im Handeln wird, weil sie selbst abwägen kann, was sie will und was sie nicht will, ist sie sicher in ihrem Handeln und wird ihre Vorstellung dann so umsetzen, wie sie das möchte und kann darüber hinaus Position zu dieser Handlungsart einnehmen.

Sie wird dann authentisch sein.

Sie handelt selbstbewusst.

Handel so, dass du dich authentisch fühlst. Um sich authentisch zu fühlen, muss man fühlen, was man IST und was man NICHT ist.

Kurz gesagt: Sei dir selbst bewusst. Hinterfrage die Erwartungen, die du an deine Rolle stellst.

- Welche Erwartungen an eine Rolle führen oft zu negativem Stress?
- Kann ich mich mit diesen Erwartungen an eine Rolle identifizieren oder nicht?
- Kommen die Erwartungen von außen und beeinflussen meine Reaktion oder stelle ich mir diese Erwartungen selbst?
- Erkenne ich möglicherweise einen Zusammenhang?
- Fühle ich mich in jeder Rolle sicher und authentisch?
- Bin ich mit den Erwartungen an meine Rolle zufrieden?
- Was müsste ich ändern, um MICH in dieser Rolle zu entfalten?
- Muss ich Prioritäten setzen, um allen Erwartungen der Rollen gerecht zu werden?
- Muss ich allem gerecht werden?
- Erwarte ich zu viel von mir?
- In welche Erwartungen würde ich gerne Energie stecken, um sie zu erfüllen?
- Welche Erwartungen überfordern mich?
- Sind meine Erwartungen an meine Rolle anders als die meiner Mutter oder meiner Freundin? Und gestehe ich mir ein, meine Rolle selbst zu gestalten, auch wenn sie nicht der Norm oder der Erwartung anderer entspricht?

Um sich unabhängig von der Norm zu machen, ist es wichtig, sein Bedürfnis und seine Erwartungen ernst zu nehmen und mit den Erwartungen von gesellschaftlichen Vorstellungen der Norm auszuhandeln.

Um seine Bedürfnisse und Erwartungen ernst zu nehmen, nimmt das Bauchgefühl und die Intuition ein neues Kapitel ein.

3.4 Intuition und Bauchgefühl

Intuition ist die Fähigkeit, Einsichten in Sachverhalte, Sichtweisen, Gesetzmäßigkeiten oder die subjektive Stimmigkeit von Entscheidungen zu erlangen, ohne diskursiven Gebrauch des Verstandes, also ohne bewusste Schlussfolgerungen.

Intuition ist Teil kreativer Entwicklungen. Der die Entwicklung begleitende Intellekt führt anschließend nur noch aus oder prüft bewusst die Ergebnisse, die aus dem Unbewussten kommen[6].

Die **Intuition** zeigt dir deine Gefühle im Hier und Jetzt.

Im gegenwärtigen Augenblick weißt du, ob du dich in einer Situation gut oder schlecht fühlst. Denk daran, dass dein Gefühl aus der Bewertung eines neutralen Reizes heraus entstanden ist. Die Bewertung hat Einfluss auf die Entscheidung deiner Reaktion. Wenn du nun bewusst das vergangene Programm neutralisierst, kannst du im **Hier und Jetzt** den Reiz und das dazugehörige Gefühl überprüfen. Das Gefühl zeigt dir auf jeden Fall, was dich gut und schlecht fühlen lässt und somit, ob für dich etwas unstimmig ist und geklärt werden sollte, damit du dich anschließend wieder gut fühlst.

---

[6] Quelle: Wikipedia Suchwort: Definition Rolle zuletzt bearbeitet am 26. Mai 2021 um 19:31 Uhr durch Mike Krüger

Hinter einem unwohlen Gefühl steckt etwas, was du nicht willst. Deshalb versuche das zu machen, was dir guttut. Gestalte dich in dem, was du willst. Konzentriere dich auf das, was du willst und nicht auf das, was du nicht willst. Dein Bauchgefühl hilft dir dabei.

Auch wenn das Handeln aus dem Gefühl heraus dich in herausfordernde Situationen bringen kann, ist es dann die Entscheidung von dir, wie du diese annimmst. Denn im Hier und Jetzt IST es einfach.

Wenn du in diesem Zustand wahrnimmst, was in dir vorgeht, weil du dir dessen bewusst bist, kannst du deine Bedürfnisse aushandeln und somit in jeder herausfordernden Situation authentisch reagieren.

Wenn du deine Bedürfnisse aushandelst, hast du Einfluss, den Weg so zu gestalten, dass du dich frei und authentisch fühlst. Du entdeckst dann die Fähigkeit der Gestaltung deines entspannten Weges. Du entscheidest dich im **Hier und Jetzt** und entscheidest dich somit für deinen Weg, der aus deinem Bauchgefühl heraus gestaltet wird.

Ein schlechtes Gefühl zu einer Situation nicht annehmen zu wollen, das aber da IST, wird nur zu Verdrängung führen. Du ignorierst dann die Herausforderung, im Hier und Jetzt zu gestalten und versuchst das Gefühl auf die Seite zu schieben, obwohl es schon da ist. Du kannst es natürlich verdrängen. Es wird nur immer wieder kommen, bis du hinhörst. Manchmal auch erst, wenn du es so lange ignoriert hast, dass es sich deutlicher zeigt. Das kann dann zum Beispiel am Ende bis zum Burnout führen.

Wenn du alles vorplanst und strukturierst und dadurch dein Bauchgefühl ignorierst, hast du nicht die Sicherheit, die du dir erhoffst. Wenn du zu diesen Gefühlen stehst und fähig bist, das dazugehörige Bedürfnis auszuhandeln, dann kannst du Einfluss auf deine Wirklichkeit nehmen.

Du gestaltest dann nämlich im Moment passende Lösungen, die aufgrund deines wahrgenommenen Bedürfnisses ausgehandelt werden.

Du musst dich dabei an keine Vorgaben halten. Du musst einfach nur auf das Gefühl hören. Denn dein Bauchgefühl weiß, wohin du willst. Es zeigt dir, was du willst oder was du nicht willst.

Solange du einem Verhaltensmuster folgst, wirst du immer wieder mit dem daraus entstehenden Resultat gefordert. Wenn du dich in einer Situation z.B. auf der Arbeit zum großen Teil schlecht fühlst, solltest du dich fragen, warum das so ist.

- Was gefällt dir an welcher Situation nicht?

Wenn du weißt, was du nicht willst, siehst du, was du willst. Und darum geht es. Du musst herausfinden, was du willst und was du nicht willst und dir das ganz bewusst machen.

Kannst du die Situation, die du nicht möchtest, ändern oder musst du die Emotion dazu ändern?

Das ist nun die Frage, die du dir unbedingt stellen solltest, wenn du bewusst auf deinen Weg Einfluss nehmen möchtest. Kannst du auf der Arbeit eine unwohle Situation ändern oder musst du evtl. deine Emotion zu der Situation anpassen?

Wenn du die Emotion nicht ändern kannst, weil dir die Situation nicht guttut, musst du manchmal Veränderungen zulassen, die Situation anpassen.

Veränderungen sind etwas Unsicheres. Deshalb meiden wir diese oft. Manchmal sollte man diese aber abwägen, wenn ein ungutes Gefühl bestehen bleibt.

Wenn wir tun können, was uns guttut, dann sind wir auch bereit, aktiv zu werden und unsere Kreativität zu leben. Wir bringen dann unsere Ideen in Gestalt.

- Das ist die Kunst des Manifestierens.

Es ist deine Erschaffung, in der du entscheidest, wohin du wie viel Energie investieren möchtest. Deine Konzentration der Gedanken schafft deine Realität. Ich zum Beispiel schreibe hier gerade meine Gedanken nieder und mache sie zur Materie, indem ich sie als Buch veröffentliche.

Es ist die Verwirklichung meiner Gedanken. Ich setze Prioritäten in meinem Alltag und plane die Bearbeitung des Buches in diesem mit ein. Da ich aus Eigeninitiative arbeite, ist es etwas, was ich gestalten möchte. Es ist etwas, in das ich meine Konzentration gerne investiere. Für dieses Projekt bin ich gerne aktiv. Es ist positiver Stress, der mich antreibt.

Ich bin mir sicher, dass ich mich nach der Veröffentlichung ruhiger fühlen werde, weil ich immer wieder das Bedürfnis gespürt habe, meine Gedanken niederzuschreiben und in der Form eines Buches zu gliedern. Durch dieses Buch habe ich meine Gedanken strukturieren und ordnen können. Es hilft mir selbst dabei, die täglichen Herausforderungen entspannt anzugehen.

Das Bedürfnis, dieses Buch zu schreiben, hat mir also geholfen, mich selbst angesichts der Vielzahl meiner Gedanken zu strukturieren. Es war für mich gut, dieses Bedürfnis wahrzunehmen und ernst zu nehmen. Nun gestalte ich aus dem Gefühl heraus. Ich befinde mich beim Schreiben dieses Buches in einem entspannten Zustand, da ich aus Eigenmotivation agiere. Ich fühle mich dabei gut.

Es gibt aber auch ein bestimmtes Gefühl, dass einen im eigenen Handeln blockieren kann. Das ist das Gefühl von „Angst".

Veränderungen annehmen

43

3.5 Angst und Blockaden

Angst ist ein blockierendes Gefühl.

Angst entsteht bei Unsicherheit und bei Unsicherheit ist man nicht selbst-sicher und hat folglich kein Selbstvertrauen.

In diesem Zustand orientiert man sich oft an anderen, um Sicherheit zu gewinnen. Allerdings übersieht man dabei oft, wenn die Erwartung anderer nicht der eigenen entspricht.

Wenn die Konzentration stark auf das Gefühl der Angst gelenkt ist, reagiert man nicht bewusst im **Hier und Jetzt** und begegnet der Situation auch nicht entspannt.

Man beschäftigt sich dann mit dem, was man selbst sein könnte, indem man sich an anderen orientiert, statt sich darauf zu konzentrieren, was gerade in einem selbst vorgeht und wie man nun persönlich auf die beängstigende Situation reagieren möchte.

Angst ist ein Gefühl, das zur Anspannung und Konzentration führt. Es ist kein entspannter Zustand. Sei dir dessen bewusst.

Wenn du dich aber deiner Angst stellst, indem du wahrnimmst, dass sie aus dem Gefühl der Unsicherheit entsteht, kannst du die Blockade dazu lösen und somit auch die Angst loslassen, was dann wiederum Auswirkungen auf dein Verhalten hat.

Denk daran, dass deine Reaktion deine Zukunft gestaltet. Dazu musst du dich fragen, warum du diese Angst mit dem Reiz verbindest.

- Was lässt dich in dieser Situation unsicher werden?

Die Antwort, die du auf diese Frage gibst, zeigt dir, was deine persönliche Blockade ist.

Wenn du deine Blockaden, die zur Angst führen, bewusst erkennst, bist du in der Lage, sie zu lösen. Blockaden sind entweder aus einer vergangenen Erfahrung entstanden, in der du dich zu einem Reiz, der zur Angst führt, nicht sicher gefühlt hast oder du bist blockiert, weil du in eine ungewohnte Situation geraten bist, in welcher du nicht weißt, wie du dich verhalten sollst. Oder du hast dich an der Angst der Norm orientiert.

In der aktuellen Situation mit Corona ist dieser Vorgang sehr offensichtlich. Jeder geht mit dieser unsicheren Situation und der damit verbundenen Angst anders um. Jeden betrifft Corona anders. Denn jeder macht andere Erfahrungen mit dem entsprechenden Reiz. Es gibt kein Einheitsrezept für das Empfinden in dieser ungewohnten Situation.

Bei manchen löst Corona mehr Unsicherheit aus als bei anderen. Nun kann jeder entscheiden, wie er mit dieser Unsicherheit umgeht.

Ist man blockiert und konzentriert sich auf die Angst, hofft man, dass alles wieder so wird, wie es einmal war, oder sucht nach Lösungen, die einem aus der unsicheren Situation herausholen? Oder lässt man alles einfach auf sich zu kommen?

Denk daran: Wir sind Gewohnheitstiere. Wir können uns an unsere Umgebung anpassen. Wir können uns der ungewohnten Situation stellen.

Wenn wir uns unserer Unsicherheit bewusst sind, sollten wir diese annehmen und akzeptieren und nicht versuchen, dagegen anzukämpfen oder sie zu ignorieren. Wenn wir uns den Herausforderungen stellen, können wir neue Wege gestalten.

- Eine Krise ist nichts anderes als eine starke Veränderung, in der nichts mehr so ist, wie es einmal war. Es zerbrechen gewohnte Muster.

Wenn du das akzeptierst und annimmst, kannst du die Konzentration auf die Neugestaltung lenken, nachdem du die Angst dazu neutralisiert hast.

Kapitel 4: Neue Wege gestalten

4.1 An-nehmen / Neu-tralisieren / Los-lassen

Unsicherheit entsteht oft bei Veränderungen, nach denen nichts mehr wie gewohnt ist.

In der westlichen Welt lassen wir dem Zufall kaum noch Raum. Denn wir versuchen, alles zu strukturieren und zu planen, um Sicherheit zu gewinnen.

Eine zufällig entstandene Situation stellt allein deshalb schon eine Herausforderung dar. Wenn wir sie annehmen und Lösungen kreieren, gestalten wir unseren Weg zu der ungewohnten und unsicheren Situation, indem wir uns dieser stellen und geeignete Lösungen finden.

Wenn wir bei Unsicherheit unsere Konzentration auf das Gefühl der Angst lenken, haben wir nicht die Konzentration auf der Situation im **Hier und Jetzt.** Denn wir sind dann von der Angst blockiert, im Hier und Jetzt zu gestalten.

Die Konzentration dient dann nicht dem, was sein soll.

Das Resultat: Wir gestalten unseren Weg in Unsicherheit. Unsicherheit ist ein Gefühl, das zu einer Anspannung im Körper führt.

Denn erst wenn man sich sicher fühlt, kann man die Konzentration auf den Wunsch nach Sicherheit lenken, loslassen und sich wieder richtig entspannen. Deshalb ist es so wichtig, diese Angst anzunehmen, zu neutralisieren und loszulassen und somit neue Erfahrungen außerhalb seiner Komfortzone zu machen.

Aus der Komfortzone herauszubrechen und durch neue Erfahrungen dazuzulernen ist das, was dich gestalten lässt.

Dazu ist es wichtig, aus dem Muster auszubrechen, alles unter Kontrolle haben zu wollen und sich somit eine Sicherheit erstellen zu wollen. Das Annehmen von Ängsten und Blockaden kann einen langen Prozess bedeuten, sodass du nicht erwarten solltest, sie von heute auf morgen zu lösen. Denn diese Erwartung würde nur Druck erzeugen und dann hättest du nur eine zusätzliche Erwartung.

Wenn du dich aber im **Hier und Jetzt** mit der Angst und Blockade auseinandersetzt, kannst du mit dem gegenwärtigen Gefühl darauf reagieren.

Wenn dir bewusst wird, dass die Angst nichts mit dem jetzigen Moment zu tun hat und die Erfahrung nicht mit der jetzigen Situation abzugleichen ist, kannst du sie neutralisieren und dann die Angst schließlich loslassen.

Loslassen kannst du gut durch Entspannungsübungen erlernen. Dort erlernt man das bewusste Entspannen. Du musst die Anspannungen wahrnehmen und loslassen – also entspannen.

Um das zu erreichen, sollte man sich Ruhezeiten in den Alltag integrieren, in denen man zum **Hier und Jetzt** finden kann.

Dies soll ohne Zwang geschehen. Deshalb reicht es, sich täglich 10 Minuten zu gönnen, um zu erlernen, seinen persönlichen Herausforderungen entspannt zu begegnen.

Es muss ein Ausgleich sein, bei welchem du dich authentisch fühlst. Zwingt euch nichts auf. Wenn du kein Yoga magst, dann magst du kein Yoga. Dein Bauchgefühl sagt dir schon, was du möchtest. Vertraue und erforsche dich und deine Bedürfnisse.

- Deine Bedürfnisse werden dich zu deiner individuellen Entwicklung lenken.

Wenn du gelernt hast anzunehmen, zu neutralisieren und loszulassen, kannst du deine Kraft nutzen, um dein Leben zu gestalten, wie du es möchtest.

- Du kannst deinen Bedürfnissen dann Gestalt geben.
- Du bist frei von alten Lasten und Blockaden und hast endlich Zeit für dich.

Um diesen Prozess entspannt zu gestalten, übe dich in der Entspannung – im Loslassen. Du musst das loslassen, was dich daran hindert, deinen Prioritäten zu folgen.

Du kannst dir das Gefühl von Entspannung zu einem Reiz antrainieren. Das lernst du in Form von Entspannungstechniken.

Im Folgenden nenne ich Entspannungstechniken und erkläre kurz, wie diese funktionieren.

Atem: Wenn wir in Aktivität sind, ist unser Atem dem angepasst. In der Entspannung hingegen ist der Atem ruhig und gleichmäßig.

Deshalb eignen sich Atemübungen ideal für das Loslassen. Denn wenn du ruhig atmest, fließt du automatisch in die Entspannung.

Atme dazu bewusst. Lass den Atem dabei einfach fließen und beobachte ihn. Wenn Gedanken kommen, nimm sie wahr und akzeptiere sie. Dann lässt du sie weiterziehen, indem du deine Konzentration auf den Atem lenkst. Du kannst auch Gedanken, die kommen, mit dem Ausatmen wegschicken.

Bei der Entspannungstechnik der progressiven Muskelrelaxation kann durch bewusstes an- und entspannen ein Entspannungszustand erreicht werden.

Bei der Entspannungstechnik des Autogenen Trainings verinnerlichst du einen Glaubenssatz.

Wenn man einen Satz im IST-ZUSTAND mehrmals sagt, glaubt das Gehirn das Gesagte. Als Beispiel sage ich mehrmals hintereinander:

- „Ich schlafe" oder „Ich bin ruhig".

Wichtig: NICHT sagen: „Ich möchte schlafen" oder „Ich will ruhig sein". Der Satz muss so formuliert sein, als wäre das Gesagte schon real.

Yoga, Autogenes Training, Progressive Muskelrelaxation und weitere Entspannungstechniken eigenen sich ideal für diesen Prozess.

Ich biete Entspannungskurse an.
Infos auf der letzten Buchseite.

4.2 Bewusst-sein

Durch das Bewusst-sein können wir im **Hier und Jetzt** situative Entscheidungen treffen, die wir in DIESER Situation abwägen, ohne das Programm unbewusst laufen zu lassen.

Denn wenn wir bewusst wahrnehmen, was Stress ist – wie er unseren Alltag begleitet, wie durch das Lernen ein Programm in unserem Kopf erstellt wurde, auf das wir tagtäglich bei jeder Reizaufnahme zurückgreifen, dass Achtsamkeit eine große Bedeutung in unserem Leben einnehmen sollte und wir bewusst erkennen, wann wir eine Erwartung an eine Rolle haben, die uns nicht entspricht oder uns überfordert – können wir im Bewusst-Sein handeln.

Und wenn wir verstanden haben, dass wir dann auch bewusst unsere Entscheidung der Reaktion in der Hand haben, können wir großen Einfluss darauf haben, wie viel negativen Stress wir in unserem Alltag zulassen. Das Bewusst-sein ist die Voraussetzung, um zu erkennen, welches Programm sich im **Hier und Jetzt** abspielt, um dann situativ entsprechend darauf zu reagieren.

Situatives Handeln ist für uns gar nicht so leicht. Denn wir streben nach Sicherheit und suchen Strukturen, die auf unseren bisherigen Erfahrungen basieren. Wir erhoffen uns, mit diesen Strukturen eine Sicherheit zu erschaffen.

- Oft folgen wir blind irgendwelchen Strukturen, ohne sie mit dem jetzigen Augenblick zu verknüpfen.

Wenn wir uns bewusst sind, dass die Sicherheit nicht durch die Durchstrukturierung unserer Tagesabläufe gewährleistet wird, sondern nur durch unsere Selbst-Sicherheit sowie unser Selbst-Vertrauen, sind wir frei vom Suchen nach dem „Richtigen".

Wir sind frei im Handeln und Reagieren im **Hier und Jetzt.** Dies lässt uns kreativ werden.

4.3 Prioritäten setzen

Wenn du weißt, was du willst und was du nicht willst, hast du die Freiheit zu entscheiden. Du musst dann Prioritäten setzen, um das zu leben, was du willst.

Handele deine Prioritäten mit der Umwelt aus. Konzentriere dich auf das, was du willst. Hör dabei auf DEIN Gefühl.

4.4 Manifestiere deine Wünsche!

Mach dir ganz bewusst, was du möchtest. Lass es einfach auf dich zukommen. Denn wenn du weißt, was du willst und was nicht, wirst du deine Entscheidung auf deine Reaktion so treffen, dass dich das zu deinem Wunsch führt.

Denn du reagierst dann so, dass du dich gut fühlst. Alles Weitere entsteht aus deiner Reaktion heraus. Du ziehst das an, was auf deine Reaktion reagiert.

- Wenn du deine Vorstellung und deine Realität in einer Einheit aushandelst und gestaltest, manifestierst du diese.

Kommuniziere mit deiner Umgebung bezüglich deiner Bedürfnisse und nimm auch die Bedürfnisse anderer ernst. Findet dann gemeinsam Lösungen, um die verschiedenen Wege zu einer Einheit zu gestalten.

- Vergangenheit – Gegenwart – Zukunft: alles eins

Da wir in der Gegenwart von vergangenen Erfahrungen in unserem Reagieren beeinflusst werden, entscheiden wir mit unserer Reaktion über die Zukunft. Denn jede Reaktion hat Einfluss auf deine Umwelt.

4.5 Entspannung bewusst leben

In deinem Alltag integrierst du Zeit für Entspannung.

- Du nimmst dir Zeit, um im **Hier und Jetzt** zu sein und deine Umgebung achtsam wahrzunehmen.
- Du hörst auf dein Gefühl und hinterfragst es auf Programme, die dein Verhalten oft unbewusst beeinflussen.
- Du nimmst das Gefühl und das dazugehörige Bedürfnis sowie die Erwartungen wahr.
- Du fragst dich: „Was will ich? Was will ich nicht?"

Dann nimmst du die Bedürfnisse an, neutralisierst sie und lässt sie schließlich los, um die Situation aus dem Hier und Jetzt entstehen zu lassen und sie somit zu gestalten. Vertraue darauf, dass du so handeln wirst, dass deine Bedürfnisse gestillt werden. Nimm dir Zeit für Dinge, die dich glücklich machen und dir ein gutes Gefühl geben.

Gestalte dein Handeln so, dass du deinen entspannten Weg wählst, auch wenn er eine neue Herausforderung darstellen kann. Du wächst an sämtlichen Herausforderungen.

Du entscheidest, welchen Einfluss Erfahrungen auf dein Programm haben dürfen.

Entscheide dich für den entspannten Weg.

Auf diesem wünsche ich dir alles, alles Liebe.

Ich freue mich, dass du dieses Buch gelesen hast und hoffe, dass du daraus etwas auf DEINEM Weg mitnehmen kannst.

Alles Liebe,
Miriam Sassan Ortner

Entspannungstherapeutin & Prozessmoderatorin
für Beteiligung

Ich biete:

Entspannungskurse (auch online), Autogenes Training,
Progressive Muskelrelaxation,
Stressmanagement – Kurs zum Buch

Präventionskurse für Ihre Mitarbeiter

Entspannungskurse für Kinder und Jugendliche

Einzelcoaching (auch online)

Fortbildungsangebote zum Thema
Stressmanagement und Partizipation

Elternkurse zu den Themen Entspannung und Partizipation i
m Alltag mit Kindern. (Auch als Einzelcoaching)

Weitere Infos zu meinen Angeboten unter:
www.entpannt-entscheiden.de

Kontakt: info@entspannt-entscheiden.de

Du findest mich auch bei Facebook und Instagram
sowie bei Youtube.

entspannt-entscheiden

Zeitfracht Medien GmbH
Ferdinand-Jühlke-Straße 7
99095 Erfurt, Deutschland
produktsicherheit@kolibri360.de